# LETTRE DE CONSTANTINOPLE



SUR

# L'INVASION RUSSE

ET

## L'ATTITUDE DE L'EUROPE

MARS 1878

# LETTRE DE CONSTANTINOPLE

SUR

# L'INVASION RUSSE

ET

## L'ATTITUDE DE L'EUROPE

MARS 1878

# LETTRE DE CONSTANTINOPLE



SUR

# L'INVASION RUSSE

ET

## L'ATTITUDE DE L'EUROPE

MARS 1878

# LETTRE DE CONSTANTINOPLE

SUR

# L'INVASION RUSSE

ET

## L'ATTITUDE DE L'EUROPE

**Mars 1878**

Les événements politiques auxquels nous assistons depuis deux ans sont sans exemple dans l'histoire. La rapidité avec laquelle ils se sont accomplis, l'étrangeté de leur caractère, la diversité de leurs causes ont frappé d'étonnement tous les esprits.

Peu de personnes ont réussi à soulever le voile de l'avenir et à deviner la catastrophe finale du drame sanglant qui a eu pour théâtre la Turquie d'Europe.

En effet, si quelques esprits sagaces avaient prévu que l'insurrection de l'Herzégovine et de la Bosnie, que la rébellion de la Serbie et du Monténégro n'étaient que le prélude d'une guerre formidable entre la Russie et l'Empire ottoman, s'ils avaient même dénoncé à l'Europe les intrigues, les manœuvres auxquelles le Gouvernement de Saint-Pétersbourg se livrait auprès des populations chrétiennes de l'Orient pour les soulever contre leur souverain afin de se faire de la Turquie une proie plus facile; par contre, personne n'avait pu s'imaginer que les grandes puissances, intéressées au maintien de l'équilibre européen, resteraient spectatrices indifférentes du duel à mort engagé entre les deux empires.

La guerre une fois déclarée, l'Europe devait s'attendre à l'écrasement de la Turquie dans cette lutte inégale; elle devait aussi s'attendre à ce que le vainqueur, qui avait dissimulé ses desseins ambitieux sous les apparences les plus désintéressées, étalerait tout à coup aux yeux du monde la nouvelle carte politique de la Turquie d'Europe dès longtemps préparée, mais soigneusement cachée dans les cartons de la chancellerie de Saint-Pétersbourg.

Sans doute, la Porte a opposé une longue résistance à son puissant antagoniste; sans doute, elle a donné au début des hostilités quelques preuves éclatantes d'une énergie, d'une vitalité remarquables qui ont pu provoquer certains doutes sur le résultat de la lutte; mais si l'on avait considéré le nombre d'ennemis que la Turquie avait à combattre, on aurait compris, sans beaucoup d'efforts, que sa résistance ne pouvait être longue, ni ses succès durables.

Songez donc, que le Gouvernement ottoman n'a pas eu seulement à combattre les Russes, les Monténégrins, les Roumains, mais encore les Bulgares, les Bosnia-ques, les Herzégoviniens et jusqu'aux Serbes qui, peu de mois auparavant, avaient imploré la paix à ge-noux.

Songez aussi que la Turquie devait également prendre des précautions militaires contre la Grèce, l'île de Candie et même contre la Perse, dont la par-tialité en faveur de la Russie s'accentuait de plus en plus; ainsi était immobilisée une partie des forces de l'Empire. Disons, en passant, que les Arméniens et les Grecs, ceux-là mêmes auxquels la Porte venait d'ac-corder les même droits civils et politiques qu'aux musulmans; ces sujets sur l'appui desquels elle devait compter, lui ont, au dernier moment, refusé leur con-cours.

Sous les coups répétés de cette insurrection for-midable, préparée de longue main, sous les attaques redoublées des légions moscovites, les barrières de l'Empire devaient bientôt céder pour livrer passage de tous côtés au flot montant de l'invasion.

Ah! que la guerre est un épouvantable fléau, et combien est terrible la responsabilité qu'assument de-vant Dieu et devant les hommes ceux qui, pour satis-faire leur ambition, déchainent sur le monde ce monstre avide de sang et de larmes !

Faut-il retracer les scènes horribles de carnage qui

ont ensanglanté la Bulgarie, la Thrace, le Monténégro, la Bosnie et l'Herzégovine ?

Vous rappellerai-je que des centaines de mille de vieillards, de femmes, d'enfants, affolés par la terreur, tourmentés par la faim, transis de froid, quittaient leurs demeures livrées aux flammes, et se précipitaient vers la capitale pour chercher un refuge contre le poignard des assassins et contre la lance de ces hordes barbares de cosaques, dignes de servir sous Attila ? Vous dirai-je que plus de cent mille de ces malheureux ont péri, soit par le fer, soit par les privations et que leurs cadavres jonchent encore la voie triomphale suivie par l'armée du grand-duc Nicolas ?

Vous rappellerai-je enfin les épisodes déchirants de cette émigration où, après avoir subi le dernier outrage, la mère succombe sous le couteau du Bulgare en implorant la clémence de son assasin en faveur de son enfant encore à la mamelle ; où le père expire pour sauver l'honneur de sa femme et de sa fille, où le frère voit tomber à ses côtés ses sœurs, ses parents exténués de fatigue ou dévorés par la faim ?

Non, non, détournons nos regards de ce spectacle horrible qui ferait douter du bien, de la justice et de la raison.

Et cependant, insensible à tant de maux, l'Europe voit d'un œil indifférent ces catastrophes dignes des temps les plus barbares. Est-ce l'effroi, est-ce la terreur qu'inspire le colosse moscovite qui étouffe

la conscience des peuples d'Occident, ou bien est-ce
l'intolérance religieuse qui endurcit leur cœur? Pour
l'honneur de la civilisation nous préférons rejeter ces
deux hypothèses et nous aimons mieux croire que
l'inaction des puissances provient d'un défaut d'accord entre les gouvernements.

Il nous semble, cependant, que la communauté
d'intérêts et l'imminence du péril auraient dû faire
cesser toute hésitation et de la part de l'Angleterre
et de l'Autriche, plus directement intéressées dans la
question d'Orient, provoquer une intervention immé-
diate, sinon pour arrêter la marche des Russes au
moins pour empêcher la consommation du démembrement de l'Empire turc.

Ces deux puissances voudraient-elles, par hasard,
n'intervenir qu'après que la Turquie aurait souscrit
à son anéantissement?

Les plénipotentiaires de la Porte sont à Andrinople, et à l'heure qu'il est, négocient la paix définitive sous les baïonnettes russes. Est-ce après la
signature de l'instrument de paix, que la Grande-
Bretagne et le Gouvernement de Vienne croient pouvoir, dans une Conférence, amener le Czar à des
sentiments plus désintéressés? D'ailleurs, à quoi bon
une Conférence après une paix définitive et pourquoi
un traité antérieur si une Conférence va se réunir?

Ou la paix définitive doit trancher toutes les questions importantes et ne laisser aux délibérations de

l'Europe que les questions secondaires, telles que la fermeture des détroits aux navires de guerre et la libre navigation du Danube ; dans ce cas, la ruine de l'Empire ottoman se trouvera déjà consommée et la Conférence n'aura plus qu'un rôle ridicule, puisqu'en définitive, elle ne se réunira que pour sanctionner les conquêtes du Czar. Ou bien la Conférence aura toute la liberté nécessaire pour régler la question d'Orient, et pour sauvegarder les intérêts des puissances signataires du traité de Paris. Mais alors, pourquoi ne pas empêcher l'empereur Alexandre de conclure, à Andrinople, une paix séparée et définitive ?

Ce sont là des contradictions qu'il faut peut-être attribuer à la situation faite à l'Autriche par les récentes victoires de la Russie, et surtout par l'attitude perfide et menaçante de l'Allemagne.

Au spectacle d'un tel imbroglio, l'on est tenté de se demander si l'Europe ne jouerait pas, en ce moment, une comédie, et si, au fond, elle n'est pas d'accord avec la Russie pour expulser, d'une manière définitive, les Turcs de leurs possessions européennes. La paix qui se négocie entre le Czar et le Sultan aurait alors pour but d'arracher à ce dernier la renonciation à tout droit sur ses provinces d'Europe, et la Conférence, à l'exclusion de la Porte, serait appelée à régler le sort définitif des territoires ainsi obtenus.

Le langage de l'opposition, en Angleterre, surtout celui de son chef, M. Gladstone, semble autoriser cette supposition. Mais, d'un autre côté, comment admettre que les intérêts de la Grande-Bretagne et ceux de l'Autriche se bornent, pour l'Angleterre, à faire respecter les traités de 1809 et de 1841, relatifs aux détroits des Darnanelles et au Bosphore, et, pour l'Autriche, à maintenir la libre navigation du Danube, garantie par le traité de 1856 ? Que deviendrait alors le principe de l'équilibre européen ?

Cependant, si l'Angleterre et l'Autriche étaient intéressées au maintien de la domination ottomane en Europe, pourquoi, nous dirait-on, ces deux puissances ne sont-elles pas intervenues en faveur de la Turquie dès le début de la guerre ? Elles auraient eu moins à faire, et le succès leur était plus facile. Sans doute, il était de leur intérêt, de leur devoir, d'empêcher l'écrasement de l'Empire ottoman, et peut-être si, à cette époque, ces deux puissances avaient pris une attitude un peu plus menaçante, le Czar aurait arrêté la marche de ses troupes sur le Pruth ? Mais, disons-le tout de suite, ni la Grande-Bretagne ni l'Autriche ne pouvaient, à cette époque, faire la moindre démonstration contre le Gouvernement moscovite.

En effet, l'opinion publique, excitée par M. Gladstone et par ses amis, s'était manifestée d'une manière éclatante contre toute intervention en Orient, et, de plus, le cabinet de Saint-James, malgré ses tentatives auprès de quelques grandes puissances, n'avait réussi à se procurer aucune alliance sûre.

Lord Beaconsfield était donc condamné à une politique expectante, malgré le péril qu'il voyait planer sur son pays. Son bon sens politique, sa profonde sagacité lui inspirèrent le projet d'agir, mais son impuissance au dedans et au dehors paralysait tous ses mouvements; il lui fallait donc attendre que l'opinion de son pays fût revenue de son égarement, et qu'un heureux hasard lui offrît le secours d'un allié.

Pourtant le premier ministre de la Reine ne restait pas inactif : tantôt il laissait échapper un mot d'encouragement pour la Porte, tantôt il faisait réunir par ses amis des meetings en faveur de la Turquie, tantôt enfin il s'adressait à Rome, à Vienne, à Paris pour faire sentir le péril qui menaçait la sécurité commune, si le Czar triomphait des forces ottomanes.

L'Autriche, de son côté, n'était pas dans une situation plus favorable pour manifester ses sentiments et suivre une politique plus conforme à ses intérêts.

L'accord évident entre l'Allemagne et la Russie, le rapprochement qu'avait provoqué, entre l'Italie et les deux cours du Nord, la formation en France du ministère du 16 mai 1877, les agitations de ses sujets slaves qui forment presque la moitié de la population de l'Empire, enfin l'isolement dans lequel l'Autriche se trouvait au milieu de tous ces états ennemis, par suite de l'impuissance de l'Angleterre et des secousses politiques auxquelles la France était en proie, tout cela imposait à la cour de Vienne une prudence dont elle ne pouvait se départir sans se compromettre gravement. D'ailleurs, pour calmer ses craintes et prévenir tout acte de désespoir, l'Empereur de Russie, dans ses fréquentes entrevues avec François-Joseph, lui avait déclaré qu'il n'entreprenait pas la guerre dans un but de conquête ; que toute son ambition se bornait à réclamer l'amélioration du sort des chrétiens, sujets du Sultan, et que, le jour où la Porte souscrirait aux résolutions de la Conférence de Constantinople, il arrêterait la marche de ses troupes.

L'Empereur d'Allemagne confirma ces assurances et se porta en quelque sorte garant des engagements pris par son neveu. Sans doute la chancellerie de Vienne eut une foi médiocre dans la sincérité du petit-fils de Catherine II, mais il fallait bien se contenter de ces promesses, faute de pouvoir dans ces conjonctures exiger des garanties plus sérieuses.

Ainsi l'Angleterre et l'Autriche, enchaînées par la force des choses, étaient condamnées à rester immobiles, jusqu'au jour où le péril plus imminent les unirait dans une étroite solidarité et les contraindrait à agir pour sauver, s'il en était temps encore, leur influence et leur autorité.

Dès le début des hostilités, comme pour donner une nouvelle consécration à la parole jurée, comme pour dissiper toutes les alarmes de l'Europe, le Czar signa un traité avec la Roumanie garantissant aux

principautés du Danube l'indépendance et l'intégrité ;
il publia un manifeste aux Bulgares dans lequel il af-
firmait hautement que son unique désir était de les
arracher au joug de l'administration ottomane.

Mais lord Beaconsfield ne se laissa pas circonvenir
par ces déclarations, et, tout en prenant acte des pa-
roles de l'Empereur Alexandre, il fit connaître à la
chancellerie russe que la neutralité de l'Angleterre
était subordonnée au respect des intérêts britanniques
en Orient. En même temps, pour éviter de soulever
contre lui dans le cabinet une partie de ses collègues,
et dans le Parlement tous les membres de l'opposition, le premier ministre de la Reine réduisit son intervention aux questions relatives à la grandeur et à
la sécurité de la Grande-Bretagne pour lesquelles
tout Anglais est prêt à s'imposer tous les sacrifices ;
alors il déclara que, si la Russie se permettait la
moindre tentative contre le canal de Suez, si, sans
nécessité absolue, elle faisait occuper Constantinople
ou Gallipoli, si enfin elle exigeait de la Turquie la
modification des clauses de 1841 et de 1856 relatives
à la fermeture des détroits, il prendrait cette conduite
pour une menace directe faite à son pays.

Est-ce à dire que lord Beaconsfield considère la
Grande-Bretagne comme désintéressée dans les questions concernant la Roumanie, la Serbie, la Bosnie et
la Bulgarie? Evidemment non.

Mais le ministre anglais pouvait-il agiter des sujets

aussi graves devant une opposition frémissante qui l'accusait déjà de compromettre l'Angleterre en l'entraînant dans une politique d'aventures ?

L'Autriche et l'Angleterre devaient donc attendre jusqu'au jour où l'un des belligérants vaincu fût contraint de solliciter la paix.

Si le Czar victorieux oubliait la parole donnée, s'il répudiait tout à coup le rôle de libérateur qu'il s'était attribué, s'il venait dire à l'Europe : « Les sacrifices que je m'était imposés sont trop grands pour qu'il me soit possible de me contenter des lauriers cueillis sur les champs de bataille. La lutte a été trop sanglante et les dépenses trop considérables pour que je n'exige pas une compensation digne de mes efforts. Pour moi la gloire d'avoir donné la liberté aux chrétiens d'Orient aurait suffi à mon ambition. Mais mon peuple ne me pardonnerait jamais de le condamner à un tel désintéressement. »

Alors, et seulement alors, l'Angleterre et l'Autriche pourraient à leur tour changer de langage et dire à Alexandre qu'elles ne consentiront jamais à un agrandissement, apparent ou dissimulè, de l'Empire moscovite, déjà trop puissant pour la sécurité de l'Europe.

L'Autriche pourrait d'autant mieux prendre une attitude plus ferme et plus décidée, qu'elle se trouve rassurée du côté de l'Italie, depuis que cette dernière puissance semble s'être rapprochée de la France, après le triomphe du parti républicain dans ce pays.

De son côté le Gouvernement de Saint-James n'ayant plus de ménagements à garder envers l'opposition que le revirement du Czar aurait confondue et réduite au silence, pourrait s'arrêter à telle résolution qu'il jugerait convenable dans la conjoncture. En effet, le préjudice porté à ses intérêts devenant incontestable, la guerre à laquelle il pourrait être entraîné ne serait plus considérée par personne comme entreprise en faveur des Turcs, mais bien pour la sauvegarde des intérêts britanniques dans le Levant.

Si M. Gladstone protestait contre une pareille résolution, lui et son parti perdraient toute influence sur l'opinion publique, et pourraient même être accusés de servir l'ambition d'une puissance étrangère au détriment de la sécurité et de la grandeur de leur patrie. Sans nul doute, le bon sens, la logique et l'intérêt de l'équilibre européen devraient conseiller à ces deux puissances d'en agir ainsi. Mais les irrésolutions et les contradictions de la politique moderne nous font craindre une solution de la question d'Orient bien funeste aux intérêts présents et futurs de l'Europe.

Depuis un mois, la Turquie est vaincue, les Russes occupent les faubourgs de Stamboul, et les puissances occidentales en sont encore à se demander quel parti elles doivent prendre.

L'Angleterre, il est vrai, considérant l'entrée des troupes moscovites dans la capitale de l'Empire ottoman comme la violation d'une des conditions qu'elle avait mises à sa neutralité, l'Angleterre s'empressa d'envoyer une escadre dans les eaux du Bosphore ; mais la présence de ces navires de guerre dans le voisinage de Constantinople n'a été que de courte durée, car, sur la menace de la Russie de faire avancer ses troupes presque dans les quartiers de la ville, on a vu bientôt les Anglais s'éloigner en toute hâte, et se diriger vers le golfe de Nicomédie.

Ces hésitations d'une politique aux abois, ce mouvement en avant puis en arrière prouvent jusqu'à l'évidence, sinon la faiblesse de l'Europe, du moins la terreur que lui inspire la perspective d'une conflagration générale.

L'Angleterre et l'Autriche connaissent les conditions préliminaires de paix que la Russie a imposées à la Porte ottomane. Elles savent aujourd'hui que, loin de favoriser l'émancipation des Chrétiens d'Orient, le Czar veut les asservir pour réaliser le rêve depuis longtemps nourri par ses ancêtres ; et pourtant ces deux puissances hésitent encore à prendre une résolution. Dans leur trouble, elles se bornent à lancer de temps en temps quelques vaines protestations que la chancellerie russe daigne à peine lire.

L'Europe se flatte-t-elle de retrouver son énergie, son courage, au sein d'une Conférence ? Nous le désirons pour elle. Mais après avoir été témoin de tant de faiblesse, comment oserions-nous l'espérer ?

Qu'on obtienne de la Russie la libre navigation du Danube, qu'elle renonce à la cession de la Bessarabie roumaine, qu'elle souscrive au maintien des traités relatifs aux détroits, sont-ce là des garanties suffisantes pour l'Europe?

Quand la Roumanie, la Serbie, le Montenegro agrandis auraient été proclamés indépendants; quand une principauté bulgare semi-indépendante s'étendrait des rives du Danube jusqu'à la mer Egée; quand l'Herzégovine, la Bosnie, l'Epire, la Thessalie auraient obtenu une administration autonome, que resterait-il de la puissauce ottomane en Europe, et quelle barrière pourrait désormais arrêter l'invasion de la Russie?

Sont-ce les Principautés, et les provinces autonomes qui pourraient répondre de leur propre indépendance et garantir l'équilibre européen? Se poser une telle question c'est la résoudre, car les enseignements de l'histoire sont là pour prouver que la Russie ne demande l'émancipation d'un peuple que pour l'asservir.

Que sont devenus, la Géorgie, la Crimée, et le Daghestan dont le traité de Kaïnardji garantissait pourtant l'indépendance et la liberté?

La sage politique d'équilibre que le traité de Westphalie avait inaugurée, a été odieusement foulée aux pieds en 1773; mais l'Europe ne tarda pas à regretter d'avoir toléré cette violation d'un des principes les plus respectables du droit des gens.

On sentit bien vite le besoin de revenir à la saine politique qui était dans les traditions de l'Europe : le Congrès de Vienne mit fin au chaos où l'Europe avait été jetée par l'ambition effrénée de Napoléon I<sup>er</sup> et rétablit entre les États un équilibre qui, sans être aussi complet que le bon sens et la raison l'auraient désiré, ne laissait pas que d'inspirer quelque confiance pour la sécurité et l'indépendance des nations.

En 1856, l'Europe donna une nouvelle consécration au principe de l'équilibre : elle intervint en Orient en faveur de la Turquie. Grâce à la sagesse et à la sagacité des hommes d'État qui dirigeaient alors les affaires en France et en Angleterre, la Russie fut refoulée dans ses steppes, et l'indépendance de l'empire ottoman fut sauvée.

Mais, en 1859, la France, comme frappée de vertige, abandonna tout à coup la politique de l'équilibre pour inaugurer le désordre sous le titre de « principe des nationalités. » Dès ce moment, l'ordre cède la place aux chaos et la sécurité à la terreur.

Cette politique aventurière, inaugurée par Napoléon III, a été aussi funeste à sa dynastie qu'à la grandeur de la France.

Les États secondaires qui avaient été sagement placés entre les grandes puissances pour les isoler les unes des autres, furent bientôt ou absorbés par la Prusse pour former, au Nord, un vaste Empire aussi menaçant pour la France que pour l'Autriche, ou, réunis en un seul faisceau, pour constituer, au Sud, un puissant Royaume, non moins dangereux pour ces deux États.

Ce n'était pas tout : le principe des nationalités excita les convoitises de toutes les races qui avaient perdu leur indépendance. La Hongrie se détacha bientôt de l'Autriche, et la Russie, prenant en main les intérêts du Panslavisme, tente aujourd'hui de s'annexer les pays slaves.

Elle commence maintenant ses revendications contre la Turquie, et, si l'Europe l'encourage par son silence, elle ne tardera pas à entamer l'Autriche à son tour.

Que l'Europe y prenne donc garde ; qu'elle ne s'endorme pas dans une trompeuse sécurité. Qu'elle songe à l'avenir de son indépendance, pendant qu'il en est temps encore !

Car, si elle laissait la Russie achever son œuvre de spoliation, dans un avenir qui ne serait pas éloigné, elle aurait à regretter bien plus amèrement le démembrement de la Turquie que le partage même de la Pologne. C'est la Prusse qui, en 1772, suggéra à la Russie ce partage dont elle tira son profit ; de même, aujourd'hui, M. de Bismarck favorise ouvertement la destruction de l'Empire ottoman. Pourquoi ? si ce n'est pour obtenir sur quelqu'une de ses frontières, des compensations à l'agrandissement des États du Czar ?

Le Prince-Chancelier proteste, il est vrai, de son amitié pour la monarchie des Habsbourg; mais qui peut croire à la parole de celui qui n'a pas craint de s'emparer du Holstein, après l'avoir soustrait au Danemarck par les armes de l'Autriche?

Quoi qu'il en soit, à l'heure où nous écrivons ces lignes, les plénipotentiaires des puissances signataires du traité de Paris s'apprêtent à se rendre à Bade, pour s'y réunir en Conférence. Que sortira-t-il du sein de cette réunion?

Est-ce une paix qui consacre le démembrement de l'Empire ottoman? Est-ce une guerre destinée àprotéger l'équilibre et l'indépendance des nations? Nul ne peut lire dans les profondeurs obscures de l'avenir.

Ce qu'il faut souhaiter, dans notre amour désintéressé pour la justice et la liberté, c'est que l'Autriche et l'Angleterre acceptent résolûment la lutte, si longue, si périlleuse qu'elle puisse être, dans le cas où le Czar s'obstinerait à violer la foi jurée. Ainsi le veut l'intérêt européen, ainsi l'ordonne la justice, si la justice est la reine du monde.

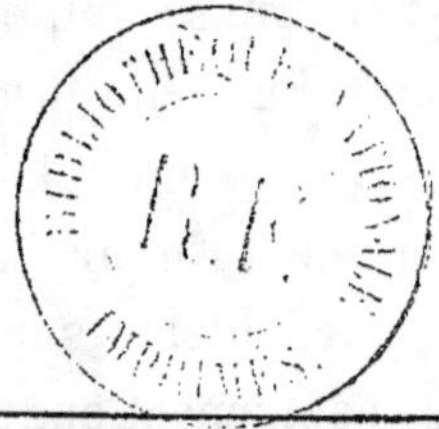



Paris-Imp. PAUL DUPONT, 41, rue Jean-Jacques-Rousseau. 882.3.78

www.ingramcontent.com/pod-product-compliance
Lightning Source LLC
LaVergne TN
LVHW021743030726
842523LV00003B/881